SAINT BRUNO ET LE CHARISME CARTUSIEN AUJOURD'HUI

Dom André Louf

SAINT BRUNO
ET
LE CHARISME CARTUSIEN
AUJOURD'HUI

P*arole et* **S***ilence*

Collection Présence cartusienne,
dirigée par Jean-Michel Anciaux

Écoles de silence, un chartreux.
Face à Dieu, la prière selon un chartreux, dom Augustin Guillerand.
Voix cartusienne, dom Augustin Guillerand.
Vivantes clartés, dom Augustin Guillerand.
L'Échelle du Paradis, Guigues le Chartreux.
Chroniques de l'extase, Denys le Chartreux.
Vers la ressemblance, Denys le Chartreux.
L'approche de Dieu par le silence de solitude, André Ravier.
Au commencement était le Verbe, Ludolphe le Chartreux.
Traité sur l'oraison, dom Innocent Le Masson.
Les solitaires de Dieu, Enzo Romeo.
Saint Bruno le Chartreux, André Ravier (Lethielleux).
Petite vie de saint Bruno, Ange Helly (DDB).
Le chemin, la vérité, la vie, Ludolphe le Chartreux.

À paraître
Au seuil de l'abîme de Dieu, dom Augustin Guillerand.
Échos du silence, John Skinner.

ISBN : 978-2-88918-822-2

Saint Bruno

En octobre 2001, l'Ordre cartusien a fêté le neuvième centenaire de la mort de son fondateur saint Bruno. Le premier chartreux s'est éteint un 6 octobre de l'an 1101 dans la paix de son ermitage calabrais. Ses dernières paroles furent celles d'une profession de foi trinitaire que ses compagnons transcrivirent pieusement et consignèrent en partie dans une lettre encyclique annexée à son rouleau funèbre[1]. Aujourd'hui, ces ultimes paroles de Bruno sont d'autant plus précieuses que le saint laissa peu d'écrits.

La perte de Bruno fut un moment douloureux, non pas seulement pour ses compagnons de Calabre, mais aussi pour ses frères de Chartreuse qui, depuis son départ pour Rome, avaient toujours espéré le revoir. Pour ceux qui l'avaient connu personnellement, il fut un « homme au profond bon sens », un « père incomparable », un « parfait guide spirituel ». Autant de louanges n'occultèrent cependant pas l'état de simple moine qu'il avait chéri par-dessus tout : dans le cimetière de l'ermitage[2], son corps fut inhumé comme il se fait encore pour tout chartreux, à même la terre[3]. Il faudra attendre 1514 pour voir le cardinal Louis d'Aragon obtenir sa canonisation *vivae vocis oraculo*, laquelle sera suivie, le 1er novembre de la même année, de l'exaltation de ses reliques et plus tard, en 1623, de l'insertion de sa fête au bréviaire romain[4].

C'est d'abord par le déroulement de son histoire personnelle que saint Bruno de Cologne imprimera sa marque sur l'Ordre qui naîtra de lui. Cette histoire se compose, en effet, de deux volets, séparés par une rupture. Autour de la cinquantaine, Bruno rompt plutôt brusquement avec une vie au service extérieur de l'Église, dans l'enseignement universitaire, et part à la recherche d'une solitude pour ne plus se consacrer qu'à une vie de prière et d'intimité avec Dieu ; cela d'une façon d'autant plus inattendue, pour qui le voyait évoluer de l'extérieur, qu'à l'époque ses contemporains l'attendaient sur le siège archiépiscopal de Reims pour y couronner par un ministère pastoral l'apostolat intellectuel dont les meilleurs esprits de son temps avaient bénéficié.

Car Bruno, né à Cologne autour de 1030, avait émigré dès sa jeunesse à Reims, alors l'une des facultés les plus célèbres de l'Occident, pour y passer une bonne partie de sa vie à l'ombre de son Université, tour à tour élève et enseignant, et comptant parmi ses disciples plusieurs grandes lumières de son siècle : Anselme de Laon, qui deviendra le maître d'Abélard, peut-être Hugues, le futur évêque de Grenoble à qui il devra le désert de Chartreuse, et Eudes de Chatillon, plus tard pape sous le nom d'Urbain II, qui essaiera en vain de l'associer plus étroitement à son ministère pontifical.

C'est à la fin d'une crise qui secoua l'Église de Reims, et qui opposa violemment Bruno à l'archevêque simoniaque Manassès, qui le dépouilla de ses charges et l'exila du diocèse, que Bruno opta définitivement pour la vie solitaire. La crise en question avait sans doute fait mûrir un attrait dont nous savons par ailleurs qu'il travaillait déjà son cœur depuis un certain temps. Dans une lettre conservée de lui, qu'il adresse de la Calabre, où Urbain II l'a laissé se retirer, à Raoul Le

Verd, ancien condisciple devenu prévôt de Reims, il mentionne une résolution prise à trois, Bruno, Raoul Le Verd et Foulcoie le Borgne, lors d'un partage nocturne dans le jardin d'un certain Adam, chez qui Bruno logeait à l'époque. La scène devait se passer autour de l'an 1080. Voilà Bruno déjà sur le point de partir en solitude alors que des circonstances imprévues l'obligeront à remettre provisoirement à un peu plus tard l'exécution de son dessein. Hélas ! ce retard fut fatal à ses deux compagnons, comme il le dit lui-même : « *le courage se refroidit, la ferveur s'évanouit* » (*Lettre à Raoul Le Verd*, 13).

C'est donc un peu plus tard, alors qu'il va vers la cinquantaine et après avoir décliné une promotion épiscopale que le bon peuple rémois réclame, qu'il pourra réaliser son dessein, encore une fois accompagné de deux amis. Sans doute Bruno a-t-il déjà intuitivement une certaine idée du type de vie solitaire qu'il voudrait embrasser. Les communautés nouvelles fleurissaient alors un peu partout, représentant toute la gamme possible des expériences monastiques. Ce n'est pas vers un essai d'érémitisme intégral qu'il s'oriente : Bruno, sa vie durant, ne sera jamais sans compagnons. Il s'adresse donc à un abbé et à une communauté qui jouissent déjà d'une renommée de réformateurs : saint Robert de Molesmes, qui l'autorise à se retirer dans les environs, à Sèche-Fontaine, sans doute avec l'intention d'y construire des ermitages, première ébauche d'un désert cartusien. Mais cela ne correspond pas encore tout à fait à l'intuition de Bruno. Peut-être les cénobites de Molesmes étaient-ils trop proches et ne respectaient-ils pas suffisamment sa solitude ? Ou peut-être voulait-il un désert plus âpre que ce que pouvaient lui offrir les douces pentes boisées de ces collines aux confins de la Champagne. En tout cas, Bruno et ses compagnons mettent le cap sur le Dauphiné où le déjà nommé Hugues de Chateauneuf vient d'occuper le siège épiscopal de Grenoble. Et c'est ce dernier qui, en personne, un 24 juin de l'an 1084, à la saint Jean-Baptiste, le conduira avec six compagnons au fin fond d'une vallée encastrée entre les pentes rocheuses du massif de la Chartreuse[5], où ils construiront leurs premières cabanes en bois, encore plus loin et plus haut que l'endroit où s'élève aujourd'hui l'ensemble des bâtiments de la Grande Chartreuse, et d'où une avalanche, qui causa la mort de plusieurs frères, les chassera quelques décennies plus tard[6].

De la façon dont s'organisa concrètement cette vie en solitude, Bruno nous a rapporté peu d'éléments explicites, mais il est permis de penser que l'alliance harmonieuse d'une vie solitaire assez stricte avec certains éléments de vie commune y étaient déjà à l'honneur et représentait exactement le projet personnel de Bruno. Lorsque, quelques décennies plus tard, Guigues mettra les usages de la communauté par écrit, il voudra consigner, dit-il, « *ce que nous avions coutume de faire* », coutumes qui remontent sans aucun doute à Bruno en personne.

Bruno, d'où tient-il un tel projet? Le monachisme latin de l'époque ne s'inspirait guère que de la Règle de saint Benoît, devenue pratiquement l'unique Règle monastique, depuis une paire de siècles. Or, cette Règle est strictement cénobitique, même si Benoît n'ignore pas la vie érémitique, l'ayant pratiquée lui-même avant de fonder des monastères, et même s'il laisse une porte discrètement ouverte pour ceux de ses moines qui voudraient s'y engager, mais seulement à la suite d'un long entraînement en milieu cénobitique. Saint Benoît ne semble d'ailleurs connaître la vie érémitique que sous sa forme extrême, celle du solitaire abandonné à Dieu et à lui-même, totalement seul dans une retraite absolue.

Dans le foisonnement de fondations et de « communautés nouvelles », qui caractérisait la vie monastique du XIe siècle, la composante plus spécifiquement érémitique avait repris ses droits, sous des formes variées. La plupart de ces fondations retrouvaient le chemin d'une vraie solitude matérielle, à l'écart des centres habités. Certains ermites s'étaient aussi groupés en petites colonies où la rigueur de la solitude se trouvait tempérée par la présence de frères animés d'une même recherche. Plusieurs décennies avant Bruno, un ermite ambulant, saint Romuald, avait parsemé l'Italie de plusieurs laures de ce type, dont la plus célèbre, celle de Camaldoli, près d'Arezzo, a donné son nom à une famille monastique qui s'est perpétuée jusqu'à aujourd'hui. Au-delà de saint Benoît, le monachisme occidental renouait ainsi avec des formes héritées de l'Orient qu'il considérait toujours comme son berceau.

De cette ascendance, Guigues, le législateur de la Chartreuse, semble être bien conscient. Rédigeant le recueil des coutumes qui s'y pratiquaient, il se réfère explicitement, à côté de saint Benoît, aux anciens Pères d'Égypte et de Palestine : Paul (de Thèbes), Antoine et Hilarion. Plus étonnant encore, au moment où les premiers chartreux essaiment vers le nord, un ancien abbé bénédictin, devenu cistercien sur le tard, Guillaume de Saint-Thierry, s'adresse aux frères de la récente fondation du Mont-Dieu, dans les Ardennes françaises, comme à ceux qui « *ont introduit la lumière de l'Orient (Orientale lumen) et l'antique ferveur des moines d'Égypte dans les ténèbres de l'Occident et dans la froidure de la Gaule, à savoir l'exemple de la vie solitaire, une forme de vie qui rappelle celle du ciel* » (*Lettre d'or*, 1,1).

Le séjour de Bruno au milieu de ses frères de Chartreuse ne dure que quelques années, jusqu'au moment où Urbain II, son ancien élève devenu pape, le réclame à ses côtés pour la préparation de quelques synodes ou conciles. Bruno obtempère, mais ne se sentira jamais chez lui à la curie pontificale. Des frères l'ont accompagné auxquels le pape, sachant leur option en faveur de la solitude, leur offre celle, toute relative, des Thermes de Dioclétien, alors tombés en ruine. Ayant finalement décliné l'offre que le pape lui fait du siège de Reggio de Calabre, Bruno obtient de lui l'autorisation de s'y retirer dans une nouvelle solitude, un peu à l'écart d'une autre laure, où il finira ses jours, entouré de l'affection de ses frères de Calabre comme de Chartreuse, qui ne cesseront jamais de le considérer comme l'initiateur de leur projet et comme leur véritable père.

Ce que pense Bruno lui-même du type de vie monastique qu'il propage partout où il passe, nous pouvons en trouver l'écho dans deux lettres que la tradition a conservées de sa main. La première, dont il a déjà été question, est adressée à Raoul Le Verd, alors prévôt du chapitre cathédral de Reims, pour lui rappeler le vœu qu'ils ont jadis prononcé ensemble ; la deuxième est envoyée à ses frères restés en Chartreuse qu'il encourage à persévérer dans leur vocation. Pour bien saisir l'intuition fondamentale de l'érémitisme cartusien, nous pouvons ajouter à ces deux lettres de Bruno une troisième, celle-ci de Guigues qui célèbre les louanges de la vie solitaire, à l'intention de quelque ami resté anonyme qu'il essaie de convaincre de le rejoindre.

Pour décrire la vie cartusienne, Bruno utilise à deux reprises l'image de la veillée : cette vie se résume en des *excubiae divinae*, en une veillée divine. Ce faisant, Bruno étend à son ensemble la pratique de la prière nocturne, apprise de l'exemple de Jésus, qui en a toujours été un élément important et particulièrement cher au cœur du solitaire. Ne correspond-il pas à un souhait expressément formulé par Jésus à un moment crucial de son existence : « *Ne pouvez-vous pas veiller une heure avec moi ?* » Bruno précise aussi l'objet de cette veillée : avec ses frères, le chartreux monte « *une garde sainte et persévérante dans l'attente du retour de son maître, pour lui ouvrir dès qu'il arrivera* ». L'allusion évangélique est transparente. Elle situe tout de suite la place particulière du solitaire au long du parcours de l'Église. Nous dirions aujourd'hui, non sans raison, qu'il se trouve au cœur de ce parcours. Mais l'image eschatologique utilisée par Bruno permet de préciser davantage : le solitaire se trouve aussi en avant de ce parcours se déployant au cours des âges, il se trouve pour ainsi dire en tête, étant investi de la mission particulière de mystérieusement « *hâter l'avènement du Jour de Dieu* » (2 P 3, 12).

Une autre image, elle aussi employée à deux reprises, implique une même réalité spirituelle : l'image du port. En prenant de la distance par rapport au monde, le solitaire est déjà arrivé à bon port. Il a « *échappé aux flots agités de ce monde, où se multiplient les périls et les naufrages* », et il s'est établi « *dans le repos tranquille et la sécurité d'un port caché* » (2, 2). Chacune de ces expressions possède une signification très précise – nous dirions aujourd'hui « technique » – dans le vocabulaire monastique de l'époque. Relevons-en deux.

Ce port est d'abord présenté comme *tutus et quietus*. Les termes qui dérivent de la racine *quies* (*quiescere, quietus*) désignent des réalités qui sont le propre de ce que nous appelons aujourd'hui la vie strictement contemplative. Nous aurons à y revenir plus loin, parce que le terme *quies-repos* désigne l'un des éléments essentiels de l'expérience cartusienne. Ce repos ou cette « quiétude » sont d'abord attribués au lieu où le désert cartusien est établi. Lorsque Bruno en parle, ce n'est pas l'austère majesté des Alpes dauphinoises qu'il a en vue, pour laquelle la sensibilité du Moyen Âge éprouvait peu d'attraits, mais plutôt l'exquise harmonie des plaines et des douces collines découvertes en Calabre. Bruno se plaît à décrire son désert : « *Son site agréable, son air sain et tempéré ; (il) forme une plaine vaste et gracieuse, qui s'allonge entre les montagnes, avec des prés verdoyants et des pâturages émaillés de fleurs.* » Et il ajoute : « *Comment décrire l'aspect des collines qui s'élèvent légèrement de toutes parts, et le secret des vallons ombragés, où coulent à profusion les rivières, les ruisseaux et les sources ? Il n'y manque ni jardins irrigués, ni arbres aux fruits variés et abondants* » (1,3). Cette quiétude de l'environnement n'est là que pour favoriser la quiétude intérieure, dans laquelle Dieu se révèle et où le Christ se rencontre. Bruno a condensé cette orientation du cœur du solitaire dans une formule à la fois simple et fort bien frappée : le chartreux doit être *Christo quietus* : sa quiétude sera entièrement ordonnée au Christ.

L'autre terme « technique » du vocabulaire contemplatif de l'époque, que nous retrouvons sous sa plume, est celui de la *statio*, le fait de se tenir debout, qui fait allusion à la stabilité dans un lieu que l'on quitte le moins possible, et à l'attitude ancienne qui était celle réservée à la prière : on se tenait debout pour prier. Si la quiétude est dégagée et gardée avec tant de soin, c'est donc bien en vue de la prière. Ce terme voisine d'ailleurs et alterne avec un autre terme qui ne signifie qu'apparemment son contraire : la *sessio*, le fait d'être assis solitairement dans la cellule. Bruno l'emploie aussi en se servant très explicitement de la citation de Lm 3, 28, qui de tout temps avait été réservée à la vie solitaire et silencieuse.

Le terme *quies-repos* en appelle un autre, tout aussi fréquent : cette quiétude assure un *sanctum otium*, un *saint loisir*, lui aussi entièrement disponible pour Dieu et pour la prière. Bruno emprunte à saint Augustin un jeu de mot particulièrement heureux qui évacue d'emblée ce que pareille expression pourrait cacher d'ambiguïté : il s'agit d'un *otium negotiosum*, d'un *loisir actif* ; et pour autant qu'elle sera active, elle devra néanmoins rester une *quieta actio*, une *vie active dans la paix*. Déjà Augustin s'en était pris à ceux qui de son temps l'enviaient à cause du saint loisir dont il disposait : « *Que personne*, écrivit-il, *n'envie mon loisir, quia meum otium magnum habet negotium*, *mon loisir cache une intense activité* (*Lettres* 213, 6).

Pour le solitaire, il ne s'agit pas tant d'une activité manuelle ou pastorale que de cette œuvre intérieure qu'il préfère à toutes les autres. Celle-ci culmine dans la prière, mais elle est nourrie par l'ensemble des pratiques monastiques parmi lesquelles la fréquentation assidue de la Parole de Dieu occupe la première place, facilitée par une organisation concrète de la journée où chacune de ces pratiques est successivement à l'honneur et vient comme reposer de celle qui a précédé. La vie cartusienne, écrit Bruno, est une « *vie pauvre et solitaire* [...] *ferme dans les épreuves* [...] *modeste dans le succès,* [...] *sobre dans le vivre, simple dans le vêtement, réservée dans son langage, chaste dans ses mœurs, digne des plus grands désirs, car elle ne désire rien* [...] *elle s'adonne aux jeûnes par fidélité à la croix, elle consent aux repas par nécessité corporelle, réglant les uns et les autres avec la plus parfaite mesure* [...] *elle s'applique à la lecture et préfère les livres religieux et d'autorité reconnue, et elle est bien plus attentive à la moelle du sens qu'à l'écume des mots* [...] *elle s'assigne en effet des tâches assez nombreuses pour se trouver plus fréquemment à court de temps que d'occupations variées, pour se plaindre plus souvent de l'heure qui la trompe que de l'ennui du travail.* » Et Bruno de terminer cette longue énumération – que nous avons d'ailleurs dû écourter – en reprenant le jeu de mot d'Augustin : *sic est continua in otio, quod numquam est otiosa*, notre vie persévère dans le loisir tout en n'étant jamais oisive (3, 4).

Cette activité intense se déploie cependant toujours dans la solitude. Elle n'implique ni activité intellectuelle tournée vers l'extérieur, celle que Bruno a quittée à bon escient, ni responsabilité pastorale dans l'Église, que Bruno a voulu fuir ou qu'il récusera, la même dont il essaie de détourner son ami, Raoul Le Verd, chancelier de l'archevêché de Reims. Bruno n'éprouve pas de scrupules à le faire. Il semble d'ailleurs identifier l'activité pastorale aux multiples soucis qu'elle entraîne presque nécessairement, et aux ambitions mondaines qu'elle risque de nourrir secrètement. Elle est sans doute plus féconde, concède-t-il, comme Lia qui donna plus d'enfants à Jacob, que Rachel qui était cependant la plus belle et la plus conviviale. Bruno emprunte cette interprétation allégorique à Grégoire le Grand, aux yeux de qui une étape de vie contemplative plus stricte succède légitimement à un temps de service apostolique (*Règle pastorale* 1, 11). « *Les fils de la contemplation sont plus rares en effet que les fils de l'action* » écrit-il, « *cependant Joseph et Benjamin sont chéris par leur père plus que leurs autres frères* ». Dans un tel contexte, une allusion discrète au passage de l'évangile, emblématique aux yeux des Pères, de la valeur de cette vie de contemplation, ne saurait être loin ; et en effet, Bruno de conclure : « *Telle est cette meilleure part que Marie a choisie et qui ne sera pas enlevée.* »

D'ailleurs, pour le fondateur de la Chartreuse, abandonner une chaire d'université où il occupait celle d'enseignant, c'est rejoindre une autre chaire, face à laquelle il se fait désormais disciple, mais dont l'enseignement dépasse tout ce que le savoir humain pourrait dispenser. Sans doute est-ce d'abord à sa propre carrière universitaire, abandonnée par amour du Christ, que Bruno pense lorsqu'il présente la vie cartusienne sous les traits d'une école alternative où celui qui veut devenir le disciple du Christ vient s'asseoir pour apprendre du Saint-Esprit en personne les secrets d'une philosophie toute divine. Il n'en rejoint pas moins un thème récurrent de la grande Tradition qui aimait voir dans une vie entièrement consacrée à la recherche de Dieu la forme par excellence de la « vraie philosophie ». « *Qui ne voit combien il est utile et doux*, écrit-il à son ancien condisciple de Reims, *de demeurer à l'école du Christ sous la conduite du Saint-Esprit, pour y apprendre la divine philosophie, qui seule peut donner la vraie béatitude ?* » (1, 10).

Bruno lève un coin du voile qui recouvre la méthode pédagogique que l'Esprit Saint y emploie, dans un passage de sa *Lettre à ses frères de Chartreuse*, où il s'adresse plus particulièrement au groupe des frères convers de la communauté, la plupart du temps constitué par des laïcs analphabètes, et donc habituellement privés de la lecture des Écritures que Bruno prise tant par ailleurs. Qu'à cela ne tienne! Même si ces frères ignorent les lettres, ils reçoivent un enseignement intérieur qui leur est directement dispensé par l'Esprit, en vue d'une sagesse à laquelle les moines plus savants du cloître n'auront rien à envier. Il vaut la peine de citer ce texte qui est peut-être le seul à l'époque à être consacré à l'état de frère convers: « *De vous, mes bien-aimés frères laïcs* [...] *je me réjouis moi aussi, car bien que vous n'ayez pas la science des lettres, le Dieu Tout-Puissant grave de son doigt dans vos cœurs non seulement l'amour, mais la connaissance de sa loi sainte: vous montrez en effet par vos œuvres ce que vous aimez et ce que vous connaissez. Car vous pratiquez avec tout le soin et le zèle possibles la véritable obéissance, qui est l'accomplissement des vouloirs de Dieu, la clef et le sceau de toute l'observance spirituelle: jamais elle n'existe sans une grande humilité et une patience insigne, et toujours elle s'accompagne d'un chaste amour du Seigneur et d'une authentique charité. Il est par là évident que vous recueillez avec sagesse le fruit tout suave et vivifiant des divines Écritures* » (2, 3). Ce texte est remarquable: dans une vie contemplative correctement menée, l'enseignement intérieur du Saint-Esprit peut se substituer à celui puisé dans la lecture, même dans la *lectio* des Écritures.

Mais ne peuvent le comprendre et en parler que ceux qui y ont été effectivement appelés, et qui ont pris le risque d'en payer le prix. Car Bruno est parfaitement conscient du fait que tous les baptisés ne sont pas invités à suivre le Christ dans un désert aussi rigoureux et exclusif de toute distraction. Ne se fait pas ermite qui le voudrait. S'il se permet d'insister auprès de Raoul le Verd, c'est qu'il croit celui-ci lié par la dette qu'un vœu lui a fait contracter. Mais lorsqu'il s'adresse à ses propres frères, Bruno souligne le caractère plutôt exceptionnel de leur vocation, en même temps que la grâce insigne que celle-ci représente de la part de Dieu à leur égard, et qui devrait être un motif de joie et d'action de grâces incessantes. Voici comment il s'adresse à eux dans un passage où transparaît peut-être le souvenir d'un certain nombre d'aspirants qui, hier comme aujourd'hui, ont finalement dû renoncer à un essai pourtant loyal : « *Réjouissez-vous donc, mes frères très chers, pour votre bienheureux sort et pour les largesses de grâce divine répandues sur vous* […] *Réjouissez-vous d'avoir gagné le repos tranquille et la sécurité d'un port caché : beaucoup désirent s'y rendre, beaucoup font même un effort pour l'atteindre et n'y parviennent point. Beaucoup même, après en avoir joui, en ont été rejetés, parce qu'aucun d'eux n'en avait reçu la grâce d'en haut. Aussi, mes frères, tenez-le pour certain et prouvé : personne, après avoir joui d'un bien si désirable, ne vient de quelque manière à le perdre sans en éprouver un regret continuel* » (2, 2).

Les merveilles que Dieu a coutume d'opérer au désert, au-delà des épreuves et tentations auxquelles Bruno s'attarde peu, ce qu'il appelle « *ce que la solitude et le silence du désert apportent d'utilité et de divine jouissance à ceux qui les aiment* », Bruno les a décrites dans un passage célèbre qui fait désormais partie de toutes les anthologies consacrées à la vie solitaire : « *Là (au désert) en effet, les hommes forts peuvent rentrer en eux-mêmes autant qu'ils le désirent, habiter avec soi, cultiver assidûment les germes des vertus, et se nourrir avec bonheur des fruits du paradis. Là on s'efforce d'acquérir cet œil dont le clair regard blesse d'amour le divin époux et dont la pureté donne de voir Dieu. Là on s'adonne à un loisir bien rempli et l'on s'immobilise dans une action tranquille. Là Dieu donne à ses athlètes, pour le labeur du combat, la récompense désirée: une paix que le monde ignore et la joie dans l'Esprit Saint* » (1, 6).

Texte dense, dans lequel les images et les allusions bibliques ou traditionnelles se télescopent les unes les autres. Notons-y une discrète allusion à ce que le combat de la solitude peut avoir de sévère: le labeur du combat demande des « hommes forts » et des « athlètes ». « Rentrer en soi-même » ou « habiter avec soi », cette dernière expression étant à nouveau empruntée à saint Grégoire qui l'applique à saint Benoît (*Dialogues* IV, 2, 3), désigne le recueillement intérieur qui permet au solitaire de surveiller ses désirs et de les orienter continuellement et paisiblement vers Dieu. Il constitue l'ascèse ou l'effort tout à fait particulier de celui qui vit seul pour Dieu. Grégoire le précise comme suit: « *Dans cette solitude, le vénérable Benoît habitait avec lui-même dans la mesure où il se gardait à l'intérieur du cloître de sa pensée,* "in quantum se intra cogitationis claustra custodivit" (*Dialogues* IV, 2, 3). Le recueillement intérieur permet de purifier le cœur qui est amoureux de son Dieu, et dont le regard blesse le divin Époux qui est ainsi disposé à lui faire ressentir son amour en retour, en instillant dans son âme les fruits de son Esprit, la paix et la joie. Ne raconte-t-on pas de Bruno qu'on le surprenait déambulant dans la nature, en répétant ce qui était devenu chez lui le cri du cœur, et sans doute son oraison jaculatoire préférée : « *O bonitas !* »

Le charisme cartusien aujourd'hui

LA VIE EN LAURE

Depuis ses origines, le charisme de la vie évangélique a été vécu selon des modalités nombreuses et variées. Il prit d'abord forme dans le renoncement au mariage chez les ascètes et les vierges, déjà présents dans l'Église primitive. Assez vite, semble-t-il, ceux-ci se mirent à constituer des groupes bien définis à l'intérieur des communautés chrétiennes : dans les Églises de langue araméenne, ces groupes prirent le nom de « Fils et Filles de l'Alliance », le terme d'Alliance signifiant le lien particulier qu'ils avaient contracté par leur engagement au célibat, au cœur de l'Église. À l'origine, ils étaient parfaitement insérés dans les structures ecclésiales, et ne cherchaient pas à s'en séparer. C'est dans la première moitié du quatrième siècle que des chrétiens prirent l'habitude de s'isoler dans les déserts de l'Égypte ou dans les montagnes de l'Asie Mineure. De ce style de vie alors inédit, que tous ne comprirent pas à ses débuts, saint Athanase, archevêque d'Alexandrie, se fit le défenseur dans sa célèbre *Vie de saint Antoine* qui, rapidement traduite en latin, pénétra en Occident où elle fut à l'origine de la conversion de saint Augustin.

Les premiers moines avaient sans doute l'intention de vivre totalement seuls au désert. Ils ne manquèrent cependant pas d'attirer des disciples voulant se mettre à leur école. Ce fut l'origine des communautés monastiques qui se développèrent alors selon deux types parallèles. Il y eut des communautés de cénobites où une vie commune relativement stricte soutenait les frères entre eux, et des communautés de solitaires, vivant retirés dans des grottes ou des cellules, mais se rencontrant à intervalles réguliers, habituellement le dimanche pour la synaxe liturgique. À la fin du quatrième siècle, c'est sous cette double forme que la vie monastique se répandit rapidement dans l'ensemble du monde chrétien.

En Orient, un type de vie à prépondérance érémitique semble avoir eu la préférence, soit sous la forme de laures qui se développèrent un peu partout en Égypte, en Palestine et en Asie Mineure, caractérisée par une colonie de cellules individuelles dont les habitants ne se rencontraient qu'à des moments définis, comme nous venons de le voir, soit sous celle d'une vie monastique à deux étapes, la première plus strictement cénobitique préparant une retraite solitaire à laquelle le moine était admis au bout d'un moment plus ou moins long d'entraînement aux vertus de la vie commune, comme semble avoir été la pratique assez générale du monachisme de langue syriaque.

En Occident, au contraire, c'est la vie cénobitique qui prévalut, surtout depuis qu'au IXe siècle la règle de saint Benoît supplanta pratiquement toutes les autres règles jusque-là en vigueur. Au XIe siècle cependant, comme il a déjà été dit, un puissant courant érémitique s'observa, d'abord en Italie, sous l'influence de saint Romuald et de ses premiers disciples, qui cherchèrent à intégrer dans une même institution des groupes cénobitiques et des groupes érémitiques, et même des reclus individuels qui ne quitteraient plus leur solitude. On retrouva le même courant en Gaule dans le type de vie créé par saint Bruno, qui s'inspira plutôt de la laure palestinienne.

Mais Bruno comme Romuald partirent d'une même intention: intégrer aussi harmonieusement que possible une vie solitaire et une vie fraternelle, en exploitant successivement les ressources de l'une et de l'autre. Si le camaldule est d'abord un cénobite promis à une solitude plus stricte à l'heure voulue par Dieu, le chartreux est dès le début un solitaire dont les risques d'isolement sont tempérés par une dose discrète de vie fraternelle.

Mais la Chartreuse permet encore d'autres « dosages », si l'on peut dire, et d'autres équilibres entre le régime solitaire et le régime cénobitique. À côté des « moines du cloître », qui passent la plus grande partie de la journée dans leur cellule, où ils célèbrent les heures mineures de l'Office divin, mangent, et se livrent à l'écoute intime de la Parole et à la prière du cœur, comme aussi au travail manuel, la communauté cartusienne intègre en son sein des frères qui, tout en jouissant d'un espace solitaire personnel et en partageant avec les Pères la même orientation contemplative, sont appelés davantage à sortir de leur cellule afin de se consacrer à des activités dans le monastère et assurer la marche de la communauté. Parmi ces derniers, certains, les « convers », sont définitivement engagés par des vœux, d'autres, les « donnés », ne se lient que par une promesse et un contrat réciproque. Ils peuvent trouver un équilibre plus adapté à leurs attraits ou aux possibilités de leur santé.

Presque dès les débuts, l'Ordre a aussi une branche féminine, comportant actuellement deux monastères en France, deux en Italie et un en Espagne. La vie des moniales chartreuses est marquée par la même orientation strictement contemplative, et offre des possibilités identiques pour agencer le plus harmonieusement possible les avantages de la vie solitaire et ceux de la vie commune. Au sein de l'Ordre, cette branche féminine jouit d'une relative autonomie avec un chapitre général spécial.

LE DÉSERT DE LA CELLULE

Comme toutes les autres formes de vie contemplative, la chartreuse se caractérise par un appel au désert, à la suite du peuple hébreux dans le désert du Sinaï, et à la suite du Seigneur lui-même qui inaugura de la sorte sa vie publique et s'y retira ensuite fréquemment, pour y rencontrer son Père dans les veilles et la prière. Parmi les nombreux aspects que la vie du Christ ici-bas offre à l'imitation de ceux qui veulent le suivre, ce sont les séjours de prière en solitude que le moine chartreux a charge de prolonger au cœur de l'Église et au cœur du monde. Il fait partie de ceux qui, aux dires de l'exhortation postsynodale *Vita Consacrata* du pape Jean-Paul II, ont choisi de « *suivre le Christ priant sur la montagne* » (n° 14).

La forme cartusienne de la solitude exprime d'abord une prise de distance assez radicale par rapport au monde, grâce à une vie en clôture, impliquant une réduction conséquente des contacts avec le monde. La proche famille est autorisée à venir en visite une ou deux fois par an, mais la visite d'amis ou de connaissances est exceptionnelle. Le courrier est volontairement limité et suppose une autorisation du supérieur. Ni radio, ni télévision, ni journaux. L'essentiel des nouvelles de l'Église et du monde parvient aux moines par ce que le prieur en partage au chapitre du dimanche. Quelques revues de théologie ou de spiritualité circulent de cellule en cellule. Hormis la promenade hebdomadaire en commun, le célèbre *spaciement*, les sorties de clôture sont limitées aux besoins de santé. Ceci quant aux contacts avec l'extérieur.

Mais la solitude est encore bien davantage creusée grâce au séjour en cellule, ou plutôt dans l'ermitage que le moine chartreux reçoit à sa disposition. Celui-ci ressemble à une véritable petite maisonnette, comportant la cellule à proprement parler avec un coin de prière, l'atelier, le promenoir, un petit jardin d'où le solitaire ne peut être aperçu par personne, et le galetas où il pourra stocker le bois de chauffage pour l'hiver.

C'est à cet espace intérieur, lieu de combat mais aussi de rencontre avec le Seigneur, que le frère chartreux se sent pour ainsi dire « voué ». Il n'en sort que pour la veillée nocturne, la messe conventuelle et les vêpres, les autres Heures étant célébrées dans l'oratoire de la cellule. Quant aux autres sorties (à la bibliothèque, par exemple, ou pour une visite au prieur ou au père spirituel), le frère s'organise pour les grouper de façon à passer le moins de temps possible en dehors du lieu qui est plus particulièrement le sien. Par cette retraite assez rigoureuse en cellule, la vocation cartusienne s'apparente aujourd'hui encore à celle des nombreux reclus et recluses que connaissait notre Moyen Âge occidental. C'est d'ailleurs toujours l'antique prière de la *inclusio*, du rite médiéval de la réclusion, prévu encore aujourd'hui par le rituel cartusien, que le prieur récitera sur le novice lorsque celui-ci, après sa prise d'habit est solennellement conduit à sa cellule. Il sera désormais, selon le joli mot de saint Bernard, *amore Christi inclusus*, reclus par amour du Christ.

Car c'est évidemment son attachement exclusif au Christ que le moine essaiera d'exprimer à la fois par les rigueurs et par les joies de cette solitude, comme c'est uniquement l'amour que le Christ a eu en premier pour lui qui peut expliquer son choix de « demeurer en lui » de cette façon, de « demeurer dans son amour », « à l'ombre de ses ailes » et « dans le secret de sa Face ». Un passage des récentes constitutions cartusiennes décrit ainsi ce que le solitaire peut attendre d'une telle réclusion : « *Qui persévère sans défaillance dans la cellule et se laisse enseigner par elle tend à faire de toute son existence une seule prière continuelle. Mais il ne peut entrer dans ce repos sans passer par l'épreuve d'un rude combat : ce sont les austérités auxquelles il s'applique comme un familier de la Croix, ou les visites du Seigneur, venu l'éprouver comme l'or dans le feu. Ainsi, purifié par la patience, nourri et fortifié par la méditation assidue de l'Écriture, introduit par la grâce du Saint-Esprit dans les profondeurs de son cœur, il pourra désormais, non seulement servir Dieu, mais adhérer à lui* » (*Constitutions*, I, 3, 2). La dernière phrase est empruntée à Guillaume de Saint-Thierry dans sa *Lettre d'Or*, adressée aux chartreux du Mont-Dieu, et déjà mentionnée plus haut : « *Aux autres, le rôle de servir Dieu, à vous d'adhérer à lui.* » Et

Guillaume ajouta : « *Aux autres, celui de croire en lui, de le savoir, de l'aimer et de le vénérer ; à vous de le goûter, de le pénétrer de l'intérieur, de le connaître, de jouir de lui* » (*Lettre d'Or*, 16). C'est tout cela que le séjour persévérant dans la cellule lui apprendra, selon une antique sentence des Pères du Désert, reprise par l'Imitation de Jésus-Christ : « Reste assis dans ta cellule, elle t'enseignera tout » (*Abba Moïse, les Sentences des Pères du Désert*, Solesmes, 1966, p. 34).

TENTATIONS AU DÉSERT : UNE EXPÉRIENCE D'ÉGLISE

Aucun texte de l'Écriture n'a mieux explicité le sens de la mise à l'épreuve qui a lieu au désert que celui où un scribe deutéronomiste nous a livré ses réflexions sur l'expérience à laquelle le peuple de Dieu fut soumis durant les quarante années passées au désert de l'Exode : « *Tu te souviendras de toute la route que le Seigneur ton Dieu t'a fait parcourir depuis quarante ans dans le désert, afin de te mettre dans la pauvreté ; ainsi il t'éprouvait pour connaître ce qu'il y avait dans ton cœur et savoir si tu allais, oui ou non, observer ses commandements. Il t'a mis dans la pauvreté, il t'a fait avoir faim et il t'a donné à manger la manne que ni toi ni tes pères ne connaissiez, pour te faire reconnaître que l'homme ne vit pas de pain seulement, mais qu'il vit de tout ce qui sort de la bouche du Seigneur* » (Dt 8, 2-3). Pour Jésus qui, en entrant dans ce monde, voulut prendre sur lui toute la faiblesse et la pauvreté de l'humanité, les tentations du désert étaient tout aussi nécessaires. Au fond, celles-ci ne furent pas les siennes mais bien les nôtres. C'est au travers d'elles que Jésus a pu, pour ainsi dire, frôler la triple maladie congénitale de l'homme pécheur – la sensualité, l'argent et le pouvoir – pour en triompher par la Parole de Dieu et dans la force de l'Esprit.

En effet, quel que soit l'environnement concret de sa solitude, celle-ci révèle généralement sans tarder sa double face au candidat qui se présente à elle. Chanter en termes lyriques les délices d'un désert encore fort romantique fera long feu. Plus tard, beaucoup plus tard, lorsque l'ermite aura traversé la fournaise ardente des tentations, ne survivant plus que par la force du Christ ressuscité à l'œuvre à travers lui, il pourra les chanter à nouveau, avec des accents enfin pleinement sincères. Mais c'est d'abord la tentation qui l'attend inexorablement. Sans tarder, la solitude se met à lui peser, telle une chape de plomb. La grisaille et la monotonie des jours qui passent engendrent l'ennui. L'absence de distractions extérieures rejette le solitaire sur lui-même et sur tous les désirs jusque-là inavoués qui grouillent encore dans son cœur, et qui se révèlent maintenant inavouables. Dans le brouhaha du monde habité, ces désirs somnolaient seulement. Maintenant, ils se réveillent et se précipitent pour occuper un terrain désormais disponible, et cela jusque dans les recoins les plus précieux de son cœur, et même jusque pendant le temps consacré à la lecture de la Bible et à la prière du cœur. Les génies diaboliques que des peintres, tel Jérôme Bosch ou Salvador Dali, ou des littérateurs, tel Gustave Flaubert, ont mis en scène autour de saint Antoine et de ses émules, ne sont que les projections de ce que le solitaire découvre en lui-même de péché et de faiblesse. Le postulant de la solitude en est vite pleinement convaincu : il n'est pas meilleur que les autres. La solitude le délivre de toutes ses illusions et de ses mythes[7]. Elle lui apprend à être un homme, tout simplement, un homme faible et démuni, ressentant au fond de lui-même toute la gamme des passions, des plus charnelles aux plus subtilement spirituelles, mais qui est désormais uniquement exposé à la puissance de la grâce de Dieu, si Dieu le veut bien. Ce dont l'assurance lui fait parfois provisoirement défaut.

Pareille expérience comporte des risques. Elle sera de toute façon incisive et décisive. Non pas tellement par les sentiments d'ennui et d'apparente inutilité qui ne cessent de monter au cœur du solitaire, mais par la prise de conscience que le solitaire fait de sa radicale faiblesse, de son incapacité même de persévérer au désert, à moins d'un miracle auquel il sent n'avoir aucun droit. La plus pernicieuse des tentations qui viennent assaillir le solitaire, n'est-elle pas de se créer un certain confort et de s'y installer – activisme solitaire, lectures effrénées – pour atténuer la pression de l'appel divin ? Une certaine spiritualité, païenne au fond, l'avait peut-être habitué à voir dans la solitude la patrie des forts. « *Der Starke ist am mächtigsten allein !* » avait proclamé Goethe, « *L'homme fort n'est jamais aussi fort que lorsqu'il est seul !* » Or, dans cette solitude, le solitaire se voit désespérément affronté à sa plus évidente faiblesse. Comme l'avait déjà écrit l'auteur du Deutéronome : Dieu conduit son peuple au désert « *pour le mettre dans la pauvreté* » (Dt 8, 2). Il n'y a pas d'autre désert authentiquement « chrétien ».

L'un des maîtres de la spiritualité du désert, Evagre le Pontique, au IVe siècle, a même créé un terme technique pour décrire le sentiment de lassitude, frôlant le désespoir, qui peut alors s'installer dans le cœur du solitaire, un terme qui a survécu jusqu'à aujourd'hui en notre langue, mais avec un sens notablement affaibli : l'*acedia*. La description qu'Evagre donne de l'acédie laisse entrevoir à quelle profondeur, psychologique et spirituelle à la fois, cette purification opère dans le cœur de l'homme. Elle le met en question jusque dans ses racines. Tout cela s'accompagne la plupart du temps du sentiment que Dieu est bien loin ou totalement absent. Cette impression de l'absence de Dieu, appelée aussi « déréliction » par un Dieu devant lequel le solitaire s'entête doucement et humblement à persévérer, le rapproche au fond de l'une des expériences religieuses les plus familières à l'homme moderne. Celui-ci, en effet, éprouve fréquemment Dieu comme le grand absent. Il y a encore peu d'années, il se serait dit athée, terme désormais passé de mode et volontiers remplacé par celui d'agnostique. Une telle expérience, malgré les apparences, est cependant réellement « religieuse », et le solitaire finit par s'en sentir très proche. Ne reproduit-elle d'ailleurs pas en lui l'apparent abandon de la part de son Père que Jésus avait expérimenté au cœur de sa propre solitude, sur le Calvaire : « *Mon Père, mon Père, pourquoi m'as-tu abandonné ?* » (Mt 27, 46). Une grande moniale des temps modernes, sainte Thérèse de Lisieux, a traversé jusqu'au bout cette épreuve durant l'année précédant sa mort, jusqu'à ne pas oser coucher par écrit les sentiments qui l'animaient alors, de peur de se rendre coupable de blasphème : « *Mère bien-aimée, l'image que j'ai voulu vous donner des ténèbres qui obscurcissent mon âme est aussi imparfaite qu'une ébauche comparée au modèle, cependant je ne veux pas en écrire plus long, je craindrais de blasphémer [...] j'ai peur même d'en avoir trop dit* » (Manuscrit C, Œuvres complètes, Le Cerf/DDB 1998, p 243).

Plus que quiconque, le contemplatif devient alors, comme on l'a dit, un « expert en athéisme ». Une telle expérience n'a rien qui devrait le troubler. Nos sentiments et nos paroles sont bien trop limités pour cerner Dieu. Le croyant n'a aucune prise sur Dieu. Parce qu'à chaque fois il doit à nouveau mourir à ses idées sur lui, à ses souvenirs le concernant, il ne peut échapper à l'impression que Dieu est mort. Celle-ci correspond à une partie de la vérité. Car il y a un Dieu, fruit de la projection de ses peurs et de ses craintes primitives qui, de fait, n'existe pas. Le Dieu véritable se trouve infiniment au-delà, et il nous faut cette nécessaire crucifixion à l'univers de nos conceptions spontanées sur Dieu, avant de pouvoir pressentir quelque peu qui il est en vérité. Cette expérience s'apparente à une véritable mort, et la solitude en est le creuset le plus efficace. Rien d'étonnant, car nul ne peut voir Dieu et vivre : il est un feu consumant (Hb 12, 29). Certains maîtres de la vie solitaire sont même allés jusqu'à comparer la cellule du moine au tombeau pascal du Christ, où il vit « caché avec le Christ en Dieu », attendant que se révèle la gloire de la Résurrection. Aujourd'hui encore, le Samedi saint, aucun office n'est célébré dans l'église d'une chartreuse, et le moine chartreux ne quittera pas son lieu, s'identifiant ainsi, à travers le sacrement de la cellule, à la mort pascale de Jésus.

C'est là que le solitaire se tiendra désormais, au seuil de l'abîme de son propre cœur, tel un mendiant tendant une main hésitante et confiante à la fois, une main vide que seul l'amour de Dieu pourrait remplir. Chichement ou jusqu'au bord ? Tout de suite ou seulement après une longue vie consumée dans l'attente ? Il ne pourrait le dire, et il sait seulement qu'il ne peut rien exiger ni non plus se plaindre de rien. Dans cette nuit cependant, dont il ignore si elle s'enfonce davantage dans la ténèbre ou si elle incline déjà vers le jour, il est de plus en plus convaincu que Dieu comblera chacun, sans exception, bien au-delà de ce qu'il aurait osé demander ou soupçonner. Un peu à la fois d'ailleurs, le désert porte son fruit. Désolation et joie profonde alternent, au rythme de la grâce. À l'heure de l'épreuve c'est le feu purifiant mais si bienfaisant de l'absence de Dieu, ou même de sa mort apparente. À l'heure de sa visite, c'est, tellement inattendu, l'éclat de son visage, tel une lumière éblouissante au plus profond du cœur. C'est, d'une part, se sentir comme retranché des hommes et comme « rebut du monde » (1 Co 4,13) et, d'autre part, se savoir soudain relié en profondeur à tous les humains « dans le cœur de la terre » (Mt 12, 40), ou au cœur du monde. C'est être comme disloqué en soi et soulevé hors de ses gonds, pour perdre sa vie (Lc 17, 33), et ensuite se regagner soi-même et savoir reconnaître son identité profonde dans le nom nouveau que seul Jésus connaît (Ap 2, 17) et qu'il murmure à son oreille dans la prière. Le solitaire apprend ainsi, jour après jour, à peupler sa solitude par la prière qui lentement se développe en lui, dans la peine qui le dépouille comme dans la joie qui le comble. Solitude et prière s'ajustent dès lors l'une à l'autre. À la fin, elles sont parfaitement accordées. La solitude est devenue le décor familier de la prière, dans laquelle aridité et consolation se succèdent et même se compénètrent, jusqu'à ce que la prière finisse par habiter la solitude, et que la solitude finisse par porter la prière, comme le sein maternel porte son fruit (Guillaume de Saint-Thierry, *Lettre d'Or*, I, 11).

LA « QUIÉTUDE »

Ce véritable combat avec Dieu, à travers la pauvreté personnelle du solitaire, débouchera un jour sur une étonnante paix, mais qui sera venue d'ailleurs. C'est d'ailleurs pour amener le moine à reconnaître ceci que l'épreuve a tant duré. Peu à peu, ce sentiment envahira son cœur, au début à son insu, car il se dissimule provisoirement derrière le remue-ménage intérieur de la lutte. Il est cependant le signe d'un événement spirituel important, à savoir que vient doucement à la surface de sa conscience le « divin inconscient » que tout baptisé porte dans son cœur, sans généralement en ressentir concrètement les bienfaits: il s'agit de la vie divine et trinitaire dont il est le temple et le sanctuaire. Pour exprimer ce sentiment, si typique de l'expérience mystique chrétienne, et incompréhensible à ceux qui n'en ont pas fait l'expérience, la tradition a créé un vocable particulier que l'on retrouve dans toutes les langues de la chrétienté, dont il a déjà été question plus haut, puisque nous l'avons aussi rencontré sous la plume de Bruno. Ce terme essaie d'en décrire un élément essentiel. La tradition byzantine l'a appelé *hesychia*, calme, jusqu'aujourd'hui conservé dans le terme *hésychaste* qui continue à désigner les moines plus exclusivement voués à la vie solitaire. La tradition syriaque en connaît plusieurs dont le plus fréquent, *shelyô*, souligne l'absence de toute activité et la primauté absolue de l'action divine. La tradition latine ne manque pas non plus de termes dont le plus éloquent est sans doute *quies*, le repos, popularisé grâce à Grégoire le Grand, mais déjà présent dans les anciennes traductions latines des premiers documents monastiques.

En français, l'on voudrait pouvoir remettre en honneur le terme de *quiétude*, très en vogue jusqu'au XVIIe siècle, si celui-ci n'avait été malencontreusement chargé d'ambiguïté à la même époque, à cause d'une bien regrettable querelle, ce qui ne permet plus d'appeler quiétiste un solitaire voué à la vie contemplative. Mais il est toujours permis d'emprunter à la tradition byzantine le terme d'*hésychaste*.

Les chartreux n'ont-ils pas eu un jour l'idée d'appeler l'un de leurs monastères *Le Reposoir*, en Savoie et aujourd'hui occupé par un carmel, ce qui est la traduction exacte du terme de *hesychastirion* que les moines grecs réservent à leurs monastères d'orientation plus strictement contemplative.

Que cette quiétude intérieure soit expérimentée dans la douceur de ses sens intérieurs transformés ou à travers le voile toujours relativement opaque de la foi ne dépend pas du solitaire lui-même. Elle est gérée par la pédagogie divine le concernant, dont le sens ne lui sera révélé que dans l'au-delà. Ici-bas et en attendant, il lui suffira de se tenir pleinement disponible à tous les vouloirs et désirs de ce Dieu qui est aussi son époux. Personne n'a donné une meilleure description de cet abandon si typique pour la spiritualité érémitique, et qui est synonyme de charité parfaite, que Dom Pierre Doyère, osb, dans l'article qu'il a consacré à l'érémitisme en Occident dans le *Dictionnaire de spiritualité* (IV, 953-982 ; col. 979) : « *Ces sommets de la prière, l'ermite les tient pour inaccessibles de son propre mouvement. Aussi, encore qu'il puisse les regarder comme une fin désirable, sait-il que Dieu seul peut l'y conduire. Au départ de son aventure, l'appel divin ne les fait apercevoir qu'à travers une discipline exceptionnelle de pénitence, de pauvreté, d'humilité, de silence et de combat. Ce n'est pas pour parfaire son individualité, ni même pour la protéger, que l'ermite se réfugie au désert, mais pour la dissoudre – ce qui est bien la moins lyrique des offrandes – et ne garder de soi que l'imperceptible creux où retenir l'unique Présence. Si Dieu, souverainement maître de ses grâces, agréait sa douloureuse ascèse cachée sans appeler l'âme aux douceurs et aux joies plus intimement mystiques, l'humilité de l'ermite n'en aurait pas la moindre surprise ni la moindre amertume.* »

LIBERTÉ SPIRITUELLE

Regardée de l'extérieur, la vie cartusienne peut donner l'impression de présenter un cadre de vie solidement soutenu par un ensemble de règlements, de pratiques ascétiques, de prières en assez grande partie vocales, ensemble qui n'est guère appelé à s'assouplir ni ne donne l'occasion de s'en évader. Il est vrai qu'au début de son initiation à la vie solitaire, le novice a besoin d'un horaire relativement précis qu'on lui demande de respecter, et sans lequel, encore inexpérimenté dans les voies spirituelles, il finirait par tourner en rond ou se laisserait entraîner par ses premières impressions. Mais ici plus qu'ailleurs peut-être, la règle extérieure ne joue qu'un rôle de « pédagogue » (*cf.* Ga, 3, 24) sur le chemin de la liberté spirituelle, qui doit le rendre progressivement attentif à la règle intérieure qui est le Saint-Esprit au fond de son cœur.

Aussi, les années de formation achevées, le chartreux en cellule jouit d'une certaine liberté, sous le regard de son Père spirituel, pour organiser les activités de sa journée en vue d'un plus grand profit spirituel. Ce qui lui est demandé non seulement par l'ensemble de la grande tradition érémitique, mais encore par un article de ses récentes Constitutions qui résume celles-ci avec beaucoup d'à propos : « *Le maintien de notre propos dépend plus de la fidélité de chacun que d'une accumulation de lois, d'une adaptation des usages, ou même de l'action des prieurs. Il ne suffirait pas de leur obéir, ni de garder exactement la lettre des Statuts, si nous ne savions aussi nous laisser conduire par l'Esprit pour sentir et vivre selon l'Esprit. Le moine, dès le début de sa nouvelle existence, se trouve placé en solitude et laissé à ses propres choix. Il n'est plus un enfant, mais un homme : qu'il ne se laisse donc pas ballotter à tout vent, mais sache reconnaître ce qui plaît à Dieu et s'y conformer spontanément, mettant en œuvre, avec une sobre sagesse, la liberté d'enfant de Dieu dont il est responsable devant le Seigneur. Que nul pourtant ne se fie à son propre jugement : car celui qui néglige d'ouvrir son cœur à un guide sûr risque, faute de discrétion, d'avancer moins qu'il ne devrait, ou de s'épuiser à trop courir, ou de s'endormir à force de traîner* » (*Constitutions*, 4, 33, 2).

AU CŒUR DE L'ÉGLISE ET DU MONDE

Un célèbre Père du Désert du IVe siècle, philosophe de son métier avant de se retirer au désert, Evagre le Pontique, a décrit la place des moines au cœur de l'Église à l'aide d'un aphorisme, repris dans les *Constitutions des Chartreux* (4,34,2) : « *Moine est celui qui est séparé de tous et uni à tous.* » Seize siècles plus tard, sainte Thérèse de l'Enfant Jésus, précisera ce rôle des contemplatifs dans le Corps mystique du Christ en leur attribuant celui du cœur et de l'amour. À mi-chemin entre les deux, au douzième siècle, saint Bernard de Clairvaux, dans un texte peu connu parce que seulement récemment retrouvé, s'était servi d'une image moins relevée, celle des entrailles. Mais il la commente d'une façon dans laquelle la sainte de Lisieux se reconnaîtrait. Pour Bernard, la vie monastique représente curieusement les « entrailles » de l'Église, *venter Ecclesiae*, son support et soutien, *sustamentum* : « *Car c'est à partir des entrailles,* explique-t-il, *que la nourriture est répartie dans le corps tout entier. De même, le rôle des moines consiste à faire passer la sève spirituelle aux responsables comme aux inférieurs.* »

Dans la Constitution apostolique *Umbratilem*, qui approuva les nouvelles *Constitutions de l'Ordre* après leur harmonisation avec le droit canon de 1917, Pie XI loua la vie contemplative comme étant « beaucoup plus utile » (*multo plus*) au progrès de l'Église que l'action de ceux qui travaillent effectivement les champs du Seigneur. Mais il n'est peut-être pas nécessaire de mesurer la valeur d'une vie chrétienne à l'aune de son efficacité apostolique ou autre. Mieux vaut peut-être essayer de la regarder du point de vue de Dieu, comme lui la regarde et l'évalue, lui qui ne cesse d'attirer en chaque génération des âmes à l'embrasser, et cela malgré les critiques et les incompréhensions qu'elle n'a jamais manqué de susciter, critiques et incompréhensions qui, même si elles obtiennent souvent une certaine audience auprès d'un monde sécularisé, jusque parmi des croyants, ne semblent nullement ébranler la foi et les convictions de ceux et de celles qui y ont été effectivement appelés. Ceux-là savent par expérience à quel point même séparés de tous, ils se trouvent au cœur de l'Église et du monde, mais surtout à quel point ils sont l'objet d'une miséricorde parfaitement imméritée de la part de Dieu, qui a voulu les choisir pour s'acquitter de ce ministère. Car c'est finalement du côté de Dieu que se trouve l'ultime justification d'une vie entièrement ordonnée à la recherche de l'intimité avec lui. C'est d'abord lui qui est en cause, car c'est lui qui en a voulu ainsi. Comme si, en chaque génération, il voulait se réserver quelques âmes à qui il se révélerait plus pleinement dès ici-bas, et s'y ménager des entrées particulières à travers lesquelles il pourrait se répandre sur l'ensemble du monde. Personne n'a pu choisir une telle vocation à moins d'avoir été auparavant irrésistiblement attiré par un Dieu qui est d'avance décidé à se donner de cette façon. En ce sens, ce n'est pas tant l'efficacité de la vie contemplative par rapport à l'Église et au monde qui peut être objet d'une interrogation, mais bien plutôt sa pertinence par rapport à Dieu. C'est la joie que Dieu s'offre à lui-même à travers la vie contemplative de certains qui finira par rejaillir en grâces sur l'ensemble de sa création.

Le moine chartreux n'est là que pour cela. Son activité ecclésiastique est des plus réduites, telle celle du prophète qui, au seuil de son désert, vient clamer l'unique parole pour laquelle il se sait envoyé par Dieu, dans un effort détendu et abandonné d'invocation et de prière. Il ne murmure aucune autre parole. Il prononce sans cesse le Nom du Dieu transcendant et mystérieux, si loin et difficile à atteindre, et celui de son Fils bien-aimé, à la fois si proche et toujours dérobé aux regards, mais dont une longue pratique de l'*hésychia* lui a appris qu'ils sont quelque part activement présents au plus intime de son cœur.

C'est là qu'il est appelé à « demeurer » désormais, doucement enraciné dans le Nom du Bien-aimé, sans s'inquiéter de ce que l'on pense de lui, sans se poser des questions devenues futiles. Ainsi livré au Seigneur, il est plus que jamais livré à ses frères, mué en un être débordant d'humble tendresse, de pardon, de disponibilité. Il n'a plus d'autre ministère au cœur de l'Église que de se laisser ainsi façonner par l'Esprit de Jésus et à son image, dispensé de tout service extérieur, et d'autant plus libre, sans quitter son désert, pour le ministère de l'Esprit, celui de la louange et de l'intercession.

Déjà pleinement valable par elle-même, la vie cartusienne a aussi valeur de témoignage. Telle qu'elle apparaît aux yeux des croyants et aux yeux du monde, elle ne manque pas de poser des questions auxquelles le chartreux répond silencieusement de la façon qui est la sienne. Comme le disent les *Constitutions*: « *Tournés, de par notre profession, uniquement vers Celui qui est, nous témoignons face au monde trop absorbé par les réalités de la terre qu'en dehors de Lui il n'est point de Dieu. Notre vie montre que les biens du ciel sont déjà présents ici-bas; elle est un signe avant-coureur de la résurrection et comme une anticipation de l'univers renouvelé* » (4, 34, 3).

D'ailleurs, la solitude, sous une forme ou sous une autre, ne fera-t-elle pas un jour ou l'autre inévitablement partie de toute expérience humaine, et encore plus de toute expérience chrétienne? En ce sens, la vie cartusienne peut être appelée emblématique pour tout homme qui finit par se trouver acculé à affronter sa solitude: « *Solitude du moine ou solitude de l'ermite, même solitude relative du chrétien "en retraite", appartiennent authentiquement à la spiritualité chrétienne. Tout chrétien poursuit le retour à Dieu. Aucun engagement vrai dans le mystère de l'incarnation ne conduit à contredire le mystère de la divine Transcendance, et aucune âme élue ne peut prendre conscience de ce mystère sans comprendre et désirer la solitude, dont le désert de l'ermite est le symbole absolu* » (Dom Pierre Doyère, art. cit., col. 981).

NOTES

1. *Lettres des premiers chartreux*, Sources chrétiennes 88, Le Cerf, chap. 3.

2. Aujourd'hui appelé la Chartreuse de Serra San Bruno.

3. Bruno ne reçut une sépulture que bien plus tard, vers 1193; ses restes mortels furent alors transférés dans l'église de Santa Maria, tout près du site de la fondation calabraise. D'abord ensevelies sous le pavé, les reliques furent déplacées à la faveur de la canonisation de Bruno (1514) dans le sanctuaire de l'église, où elles demeurent encore à ce jour.

4. Citons Bernard Bligny qui, dans son ouvrage *Saint Bruno le premier chartreux*, nous donne un regard pertinent sur les circonstances de la canonisation de Bruno: « *On s'étonnera, sans doute, que l'Église ait tant attendu pour le porter sur les autels, alors que d'autres chartreux, par exemple Anthelme de Belley et Hugues de Lincoln, le furent bien avant lui. À cela, une première raison, qui est qu'au* XII*e siècle, et encore au* XIII*e, les papes ont principalement canonisé*

des évêques, et parmi ceux-ci des moines-évêques, ce que refusa d'être saint Bruno : il s'agissait alors d'exalter les mérites d'un épiscopat réhabilité après la crise qu'il avait connue d'environ 950 à 1050 au moins, et dont il se relevait lentement. La seconde raison, on la cherchera dans le fait que, pour s'être soustraits au monde jusque dans leur sépulture, les chartreux n'avaient à offrir qu'un muet témoignage, dont la trace n'était pas facilement exploitable par l'hagiographie ni, dans le cas de Bruno, plus facilement que celle de son activité d'écolâtre. Il en est enfin une troisième, qui est liée à leur propre attitude : allergiques à toute publicité, hostiles aux abus auxquels donnait lieu le développement du culte populaire des saints, ils n'ambitionnaient qu'une gloire, celle d'en-Haut, "en compagnie des patriarches, des prophètes, des apôtres, des martyrs, des confesseurs et des vierges, fleurs du Paradis" ; et à cette vision où le chartreux Adam Scot préfigure Fra Angelico, il faut ajouter leur peu d'intérêt pour l'enveloppe charnelle en regard de l'âme immortelle, et surtout une conception du miracle étrangère au sens commun, qui ne retient que le prodige. Déjà, dans sa "Vie de saint Hugues, évêque de Grenoble" (composée entre 1134 et 1136), aux § 23, 47 et 48, Guigues s'en expliquait on ne peut plus clairement en exaltant cette "sainteté de tous les jours" qui consiste pour le chrétien, à "garder Dieu" dans son cœur. Or, au même titre que le martyre, le miracle sensible, patent, ouvrait la voie de la canonisation – et Bruno n'a pas plus brillé dans le second que souffert le premier. »

5. Hugues de Châteauneuf, évêque de Grenoble depuis à peine trois ans, était fort préoccupé par un songe : « *Il avait vu en rêve*, écrit

en 1134 Guigues, son confident et son biographe, *Dieu construisant à sa gloire une habitation dans la solitude de Chartreuse et sept étoiles qui lui en montraient le chemin* » (*Vie de saint Hugues* (+1132), chap. 3, n. Il, PL 153). Tandis que le prélat se demande s'il s'agit là d'un rêve sans importance, ou si le Très-Haut a voulu lui suggérer quelque sainte entreprise, on introduit des visiteurs. Les arrivants, au nombre de sept, désirent se vouer pleinement à l'unique contemplation des perfections divines, et cherchent un endroit désert où ils pourraient s'adonner à cette vocation loin du monde. Dès que Bruno, le porte-parole du petit groupe, eut formulé sa requête, Hugues comprit que Dieu avait fait connaître sa volonté. Un jour de juin 1084, à la saint Jean-Baptiste, il choisit donc de conduire le petit groupe vers l'endroit le plus désert de son diocèse, le massif de Chartreuse : un site qui leur donnera plus tard le nom de « chartreux ». (Extrait de l'*Ordre des chartreux*, par un chartreux, éd. AAVC).

6. Cette catastrophe survint un samedi 30 janvier 1132, après un demi-siècle de présence cartusienne sur le site primitif.

7. Le témoignage d'un jeune membre de l'Ordre, qu'il a intitulé « Le combat de Jacob », illustre bien le propos : « *"Dieu résiste aux orgueilleux et donne sa grâce aux humbles" (1 P 5,5). Le désert est un feu purificateur. Dans la solitude tout ce que nous sommes en vérité vient à la surface. Toutes les bassesses que nous avons laissées s'introduire en nous deviennent manifestes, tout le mal qui nous habite se dévoile. Nous*

découvrons notre propre misère, notre faiblesse profonde, notre impuissance absolue.

Ici, il n'est pas possible de dissimuler les artifices que nous employons pour cacher ces aspects de nous-même qui nous déplaisent et qui surtout sont si éloignés du désir de Celui qui voit tout et pénètre tout. Il devient évident que nous nous justifions trop facilement en considérant nos défauts comme des traits de caractère.

Ici, nous devenons vulnérables ; il n'y a pas d'échappatoire. Il n'y a pas de distraction qui amortisse, d'excuse qui dispense. Il est impossible d'éviter le face-à-face avec la réalité de ce que nous sommes, de détourner les yeux de cette misère sans remède qui nous laisse totalement nus.

Ici, les fausses constructions se lézardent, toutes ces murailles que nous avons élevées pour nous protéger. Car qui pourra dire combien nous cherchons souvent à nous tromper nous-mêmes, autant et plus que les autres ! Mais la prétention de connaître les réalités divines se dissout devant Celui qui demeure le Tout Autre.

C'est un chemin abrupt, dans l'obscurité, à tâtons, guidé par la seule foi, mais c'est un chemin de vérité. Toutes nos sécurités personnelles resteront accrochées aux épines du sentier et nous laisseront avec cette seule certitude : de nous-même, nous ne pouvons rien.

C'est là que Dieu nous attend, car on ne peut remplir qu'un vase vide et s'Il veut nous combler de Lui-même Il doit d'abord nous dépouiller de ce qui nous encombre. Pour réaliser une œuvre infiniment délicate, l'Artiste divin a besoin d'un matériau sans résistance. Alors sa main saura susciter de notre misère des merveilles qui resteront cachées à nos yeux. Toute notre joie sera de nous laisser transformer par Celui qui a pour nom : Amour. »

TABLE

Achevé d'imprimer le 23 mai 2016
sur les presses de
La Manufacture - Imprimeur – 52200 Langres
Tél. : (33) 325 845 892

N° imprimeur : 160478 - Dépôt légal : juin 2016
Imprimé en France

Composition et mise en pages réalisées par
Sud Compo - 66140 - Canet en Roussillon
446/2009